Heuberger Sven

AF198866

Transhumanismus
Mensch und
Technik

Essay

Für Erik

IMPRESSUM

© 2019 Heuberger, Sven

Herstellung und Verlag: BoD – Books on Demand, Norderstedt

ISBN: 9783749499830

Inhaltsverzeichnis

In der Sauna

Ich sitze nun seit zehn Minuten in der Sauna, die Temperatur von 80° C kommt mir an diesem Tag viel zu kalt vor. Ausgerechnet jetzt öffnet sich die gläserne Schwingtür und ein gut gelaunter älterer Herr betritt die Sauna. Nach dem Öffnen der Türe strömt etwas kalte Luft von außen herein. Ich grüße den alten Herrn und sage zu ihm, dass es hier heute ganz schön kalt ist. "Jetzt, wo Sie es sagen, ja stimmt! Ich beginne ein wenig mit ihm zu sprechen und es stellt sich heraus, dass er als Anwalt in der Kanzlei seiner Frau arbeitet. Auf meine freundliche Wertschätzung seines Berufes hin, antwortet er mir lapidar: "Anwälte wird es bald nicht mehr geben, die Computer können es besser." Völlig überrascht will ich diese Aussage ausforschen und frage weiter nach, was er meint. In meiner Vorstellungswelt, die allerdings stark von Klischees geprägt ist, sind Anwälte für das tägliche Leben wichtig uns unersetzlich und ich denke an die vielen Filme, die ich dazu schon gesehen habe, zum Beispiel die „12 Geschworenen", wer kennt diesen Film nicht?

Er fährt fort: "Ein Anwalt ist darauf angewiesen die

Urteile und rechtlichen Hintergrundinformationen zu gut wie möglich zu kennen. Nun ist es so, dass selbst ein erfahrener Anwalt Hunderttausende Gerichtsentscheidungen nicht mehr überblicken kann. Wie waren die jeweiligen Ausgangslagen, die Anklage, welche Details entschieden den Prozess? Das alles sind Puzzlestücke, die ein Mensch nicht mehr bestmöglich zugunsten seines Mandanten zusammentragen kann. Mit anderen Worten: Verteidigt nur das Erfahrungswissen eines Anwalts, dann springt für den Angeklagten ein schlechteres Urteil heraus, als wenn - natürlich mithilfe von speziellen Computerapplikationen – alle Informationen gescannt werden und anschließend von der Maschine die richtigen Fragmente zusammengesetzt und zur Verteidigung verwendet werden. Die Zeiten des Anwalts sind also vorbei, nur eine Frage der Zeit."

Ich denke mir: "Es läuft also auf eine Simplifizierung des komplexen Sachverhaltes hinaus und schließlich kann jeder, der die Computeranwendung bedienen kann, der Anwalt sein."

So vollzog sich bei mir, in rasanter Art und Weise, die Entmystifizierung eines ganzen Berufsbildes. Doch das

Gespräch war noch nicht beendet.

"Wissen Sie, wie das mittlerweile bei den Hautärzten funktioniert?"

Ich entgegne ihm: "Hier wird sich sicherlich nichts ändern, das ist doch quasi ein sehr sicherer und angesehener Beruf."

"Gehen Sie in eine moderne Hautarztpraxis. Die Krankheitsstellen auf ihrer Haut werden gescannt und mit Abermillionen Bildern von bereits behandelten oder diagnostizierten Hautstellen verglichen. Das funktioniert im Prinzip wie eine Fingerabdrucksuche bei der Polizei. Sobald das deckungsgleiche Krankheitsbild gefunden ist, wird die Diagnose und die Behandlungsart vorgeschlagen.[1] Die Sicherheit des Computers, das richtige vorzuschlagen liegt bei größer 99 %. Die Diagnose eines Hautarztes aus seinem eigenen Erfahrungsschatz heraus, bei 50:50.

Selbst die Operationen werden inzwischen computergestützt durchgeführt, es kommt sogar vor, dass die Programmierer den Arzt bei seinen ersten Operationen unterstützen müssen."

---

1 https://de.wikipedia.org/wiki/Hautkrebs-Screening

"Verrückt"

"Ja, ich bin sogar der Überzeugung, dass in naher Zukunft sehr viele Berufe einfach verschwinden werden. Vom Lastwagenfahrer, der von selbst fahrenden Lastern abgelöst wird. Vom Kassierer im Supermarkt, dessen Existenz durch computerüberwachtes Einkaufen verschwindet. Bis hin zu höher qualifizierten Berufen, wie eben Arzt oder Anwalt. Die Computer können alles und sie können es besser als wir Menschen. Sie stellen eine Art beschleunigtes Abgleichen dar, einen riesengroßen Datenspeicher, der selbst die Speicherkapazitäten des intelligentesten Menschen um ein vielfaches übertrifft."

"Was werden die viele Menschen, dann nur alle machen?", frage ich mich. "Wie werden wir als Verursacher dieser Entwicklung damit zurechtkommen?"

"Sehen Sie die vielen Diskussion über ein Bürgergeld oder bedingungsloses Einkommen. Die Ursachen liegen in den Tatsachen, die wie soeben diskutiert haben. Die Menschen spüren, dass etwas auf sie zukommt. Etwas was sie entmenschlicht und zu bloßen Konsumenten abstempelt".

"Die technische Entwicklung ist also schuld? Vielleicht gibt es deshalb gegenwärtig so viele, die sie zerstören wollen", und ich denke an die vielen Umweltaktivisten, 2019, das Jahr der „Klima-Gretel".

Es wird mir jetzt zu heiß. Ich bin schon viel länger in der Sauna geblieben, als ich wollte. Ich muss mich von dem alten Herrn verabschieden. Schande über mich, dass ich vergaß, ihn nach seinen Namen zu fragen.

"Die Zukunft stürmt auf uns zu", rief er mir beim Verlassen des Dampfbades nach. "Nicht lange wird es dauern bis alles eintritt, der technische Fortschritt verläuft exponentiell, nicht linear!"

Und da ist wieder der Gedanke an den Transhumanismus, an den Wunsch der Menschen länger oder am besten doch ewig zu leben. Ganze Religionen und Philosophien drehen sich um die Frage. Wird uns der technische Fortschritt diesen Wunsch näher bringen? Es ist nun, im Jahre 2019, schon so, dass der Mensch, zumindest hier in Europa, 20-30 Jahre länger lebt als noch vor 100 Jahren[2]. Ist er jetzt glücklicher?

---

2 https://de.wikipedia.org/wiki/Lebenserwartung

Mittlerweile sagt die Wissenschaft uns, dass 120 Jahre das Maximum der menschlichen Lebensspanne sind und führt dafür wissenschaftliche Gründe an. Noch vor ein paar Hundert Jahren ist die Masse der Menschen durchschnittlich nicht älter als 40 Jahre geworden. Ihnen wurde auch mit Sicherheit gesagt, dass dies eben so ist? Die Zeit und der technische Fortschritt haben die Zukunft der menschlichen Rasse durch alle Zeiten verändert.

Warum sollte das nicht wieder so sein?

Fragen, die eine Überlegung und der Reflexion wert sind:

Welche Berufsarten werden Maschinen in naher Zukunft ersetzen können?

Zu welcher Vorgehensweise würden Sie einem Fünfzehnjährigen hinsichtlich seiner Berufswahl raten?

Wie sieht eine Gesellschaft aus, in der immer weniger Menschen zur Aufrechterhaltung gebraucht werden, jedoch kontinuierlich mehr geboren werden?

Was müsste sich ändern, um die überbordende Bevölkerungsentwicklung zu stoppen?

Sind wir als Menschen, indem wir uns freiwillig in das technische System eingliedern und als Kassierer, Hautarzt oder Lastwagenfahrer arbeiten, nicht selbst Schuld am drohenden Jobabbau?

Als die ersten Maschinen in der Landwirtschaft eingesetzt wurden, waren die Landarbeiter erzürnt und haben diese zerstört. Man musste sie erst von der *Erleichterung der Arbeit überzeugen.* Ist eine dem Menschen immanente Trägheit die Ursache dafür, dass wir uns letzten Endes dem technischen Fortschritt unterwerfen? [3]

Waren die Menschen früher glücklicher?

---

3 .vgl. Jünger (1949), Die Perfektion der Technik, S.140

Über die Strömung des Transhumanismus - Vorüberlegungen

Ich arbeite eng mit einem Elektroniklabor zusammen in dem mehrere kluge Köpfe ihr Werk verrichten. Darunter einer der wenigen der die Fähigkeit hat die höhere Mathematik praktisch anzuwenden. Als wir eines Tages dort transhumanistische Ideen diskutierten – es ging um verschiedene Methoden, die zur Lebensverlängerung eingesetzt werden – sprach mein Arbeitskollege einen Satz aus, der mich zum Nachdenken veranlasste. Er fragte mich, ob ich denn glaube, dass die Menschen in der Zukunft andere Orte in der Galaxis besiedeln würden. Noch ehe ich zu Ende denken und eine Antwort formulieren konnte, sagte er: "Nein, denn dafür reicht die Ganze auf der Erde gespeicherte Energie nicht aus". Er will damit sagen, dass wir andere bewohnbare Galaxien oder Planeten grundsätzlich nicht erreichen können. Das Argument "Energie" halte ich für durchaus sehr realistisch. Vor allem wenn man es dem Gedanken der technischen Machbarkeit gegenüberstellt. So würde hier das Gegenargument lauten, dass z. B. unsere Speicher- und vor allem Energiebündelungstechniken noch nicht weit genug entwickelt sind. Und mein Freund aus dem Elektroniklabor würde sagen, dass meine Gedanken utopisch sind.

Utopie ist der falsche Begriff, denn unter Utopie wird eine Situation verstanden, die in der Zukunft liegt und die niemals erreicht werden kann, wie etwa der real funktionierende Sozialismus von Massengesellschaften. Wenn wir uns wieder in die Schiene der sich ständig weiter entwickelnden technischen Machbarkeiten einreihen, dann handelt es sich bei transhumanistischen Ideen nicht um Utopien, sondern eher um ein Rätselraten hinsichtlich des Erfolges zukünftiger Machbarkeiten und Entwicklungen und um den Zeitpunkt deren Umsetzung.

Transhumanisten sind also keine Utopisten, denn sie verbinden die Effekte ihrer Lehre nicht damit, dass daraus bessere Menschen entstehen, bzw. Transhumanisten bessere Menschen sind. Bessere Menschen in dem Sinne, dass es keine Verbrechen, keinen Neid oder Gier mehr gibt. Es geht um das verlängerte Dasein, das Mehr an Lebenszeit.

Grundzüge des Transhumanismus

Bei den Verfechtern des Transhumanismus handelt es sich in erster Linie um die Befürworter von technischen Lösungen zur Lebensverlängerung und selbstverständlich auch deren Extrema, der Unsterblichkeit. Die Transhumanisten stellen die technischen Möglichkeiten zu deren Erlangung grundsätzlich positiv dar.

Heute im Jahre 2019 wird bereits jeden Neugeborenen Menschen ein Lebensalter von 100 Jahren zugesprochen. Aus meiner Sicht ist das nichts anderes, als ein allgemeines Zugeständnis der Forscher an die technische Entwicklung der Medizin, die derart extrapoliert wird, dass sich die Aussage eben nicht utopisch, sondern realistisch anhört. Die ständige Anpassung der durchschnittlichen Lebenserwartung nach oben kann als Zugeständnis der allgemeinen Forschung gegenüber der Strömung der Transhumanisten verstanden werden.

Es ist schwer, sich darauf festzulegen, ob Transhumanismus wie eine Religion verstanden werden kann oder nicht. Ich habe schon von vielen, die sich mit der Materie beschäftigen, gehört, dass das göttliche Prinzip z. B. auch nur die Verhältnisse der Naturgesetze zueinander sein können. Bei solch einer Aussage wird nicht einmal eine mögliche Metaebene infrage gestellt. Auch dass der Mensch sich unter diesen natürlichen Gesetzmäßigkeiten entwickelt hat, sollten wir nicht vergessen.

Ich will den Transhumanismus grob so definieren, dass folgende Annahmen geteilt werden:

- Der technische Fortschritt wird grundsätzlich bejaht und nur positiv gesehen[4]

- Es besteht, angeregt durch die Tatsache, dass die technische Entwicklung exponentiell verläuft, die Hoffnung, dass sich große Umwälzungen, die sich auf unsere Lebenszeit beziehen noch in den nächsten 20-40 Jahren umsetzen lassen.

- Gott oder ein göttliches Prinzip werden nicht grundsätzlich abgelehnt. Es wird jedoch angenommen, dass eine ca. 30%ige

---

4   Vgl. Sorgner, 2016, S.28 ff.

Wahrscheinlichkeit besteht, dass wir in einer Vorgängersimulation leben. Trotz der verschachtelten Wirklichkeiten könnte natürlich jederzeit ein göttliches Prinzip hinter dem Universum stehen.[5]

- der Beweis der Substratunabhängigkeit (Definition siehe Kapitel Substratunabhängigkeit), welcher in naher Zukunft erwartet wird, könnte beweisen, dass menschliche Empfindungen, zumindest teilweise, digital ansteuerbar und simulierbar sind.

- Dass eine technologische Singularität, die bald erwartet wird, eintritt und den Verlauf der Geschichte stark beeinflusst.

- Es überwiegt ein naturalistisches Weltbild. Ein potenzieller Dualismus und/oder eine Metaebene sind beweispflichtig.

-

---

5 Bostrom, N. (2018): Die Zukunft der Menschheit. Suhrkamp, Berlin, S. 206 f.

- Die möglichen Life-Extension Maßnahmen werden als Bereicherung und nicht als Bedrohung wahrgenommen. Z. B.: Vor 100 Jahren konnten noch keine Organe transplantiert werden und in Zukunft wird man eben durch Genome Engineering kein AIDS mehr bekommen können. Allgemein wird eine deutliche Verlängerung der Gesundheitsspanne erwartet.

- Der technische Fortschritt bedroht keinen Gott, sondern ist selbst göttlichen Ursprungs.

Substratunabhängigkeit – was ist das und was bedeutet sie für uns?

Unter Substratunabhängigkeit wird der Leitgedanke verstanden, dass Leben nicht von einem organischen Substrat abhängt, sondern nur durch Algorithmen dargestellt werden kann[6]. Somit könne Leben allein auf seine Funktion und Organisation zurückgeführt werden. Aufgrund dessen wird angenommen, dass jegliches Substrat, also nicht nur Kohlenstoff, Sauerstoff, Stickstoff und Wasserstoff, aus welchen wir Menschen und die lebendige Welt unserer Erde hauptsächlich aufgebaut sind; sondern auch andere Elemente, wie zum Beispiel Silizium, eine Plattform für die Algorithmen des Lebens bieten können.[7] Derzeit ist uns nicht bekannt, ob die Substratunabhängigkeit gültig ist oder nicht. Es ist jedoch so, dass die Grundoperationen eines

---

6   Carl Sagan: *The Cosmic Connection.* Anchor Books, Doubleday, S. 47.

7   http://www.exoplaneten.de/siliziumbasiertes-leben.html

Quelle: Clayden, Greeves, Warren (2013), Organische Chemie, Springer Spektrum Verlag

lebenden Organismus auf chemische Prozesse zurückführbar sind, welche theoretisch, bei ausreichender Rechenleistung, auf einem Computer durchgeführt werden könnten.

Diese chemischen Prozesse sind, genauer betrachtet, nichts anderes als Verschiebungen von Elektronen in einer organischen Matrix, getrieben von der Polarität ihrer funktionellen Gruppen.

Es spricht einiges dafür, dass die Modelle der zeitgenössischen Chemie lediglich Vorstufen mehrerer Algorithmen sind, die eines Tages, nach Erreichen des Wissens und der Rechenleistung, im Computermodell simuliert werden können. Derzeitige Schätzungen gehen davon aus, dass dies zwischen 2040 und 2070 geschehen könnte.[8]

Ließen sich einige Funktionen des Lebens entschlüsseln, so wären umfangreiche Eingriffe in das menschliche Leben möglich, welche ein posthumanes Zeitalter einläuten würden.

Als Beispiele der Möglichkeiten sind zu nennen: die

---

8 Bostrom,, https://www.fhi.ox.ac.uk/brain-emulation-roadmap-report.pdf,, S.79f.

Aufhebung der menschlichen Altersgrenze und das Zurückdrängen von Krankheiten und Fehlbildungen auf der organischen Ebene durch Modifikation der Zellen bei Kenntnis deren exakter Funktionsweise. Entwicklung einer Maschine-Mensch Schnittstelle, welche direkten Einfluss auf das Bewusstsein nehmen kann. Optimierung des Denkens und Lernens in allen Ebenen. Aktivieren verborgener Potenziale, sowie Erzeugen neuer Fähigkeiten durch Einspeisung von elektro- neuralen Signalen. Letzten Endes die Simulation einer ganzen Welt.

Nach herrschender technischer Meinung sind zum Erproben und Testen, ob es eine Substratunabhängigkeit gibt, noch viel mehr Rechenleistung und auch Quantencomputer nötig, um sich dem Beweis anzunähern. Im Augenblick ist eine derartige Technik noch nicht entwickelt. Es wird angenommen, dass es zum Beweis einer *technologischen Singularität* bedarf.[9]

---

9   https://en.wikipedia.org/wiki/Technological_singularity

Folgen aus der Substratunabhängigkeit für die Menschheit im Falle ihrer Gültigkeit

Nehmen wir an, dass Ihnen jemand mit einem Hammer auf den linken Daumen schlägt. Dieses Ereignis hätte ein spezifisches Schmerzempfinden zur Folge, welches *nur* Sie in der Art und Weise empfinden, wie Sie es empfinden. Das heißt, wenn der gleiche Schlag meinen Daumen getroffen hätte, dann hätte ich ein, nur auf mich und mein Gehirn, spezifisches *anderes* Schmerzempfinden gehabt. Ich könnte etwa besonders empfindlich oder unempfindlich sein, im Vergleich zu Ihnen. Oder mein Schmerzempfinden könnte durch Medikamente oder Drogen beeinflusst sein. Wir können davon ausgehen, dass wir nicht das *gleiche* Empfinden haben.

Dies ist ein sehr einfaches Beispiel. Ich will nun einen Schritt weiter gehen.

Wir haben nun ein Gerät konstruiert, welches sich an Ihr Nervensystem andocken kann. Stellen Sie sich einfach vor, dass das möglich ist.

Jetzt kann dieses Gerät den Hammerschlag auf Ihren

Daumen durch elektronische Signale *simulieren, ohne dass dieser Hammerschlag in der Realität tatsächlich stattgefunden hätte.*

Durch einen Knopfdruck erleiden Sie nun das gleiche Schmerzempfinden wie vorher durch den real stattgefundenen Hammerschlag und auch bei mir, der ich ja alles etwas anders empfinde als Sie, wirkt diese Methode.

Wäre dies bereits der Beweis der Substratunabhängigkeit?

Es wäre auf jeden Fall ein erster Schritt in diese Richtung. Es würde hier bereits eine Simulation der Realität ablaufen, allerdings mit der Einschränkung, dass die Testperson diese Simulation noch erkennen könnte und eine entsprechende Rückkoppelung stattfinden würde, welche zu einer *Unterscheidung Simulation/Wirklichkeit* beitragen könnte.

Gehen wir einen Schritt weiter:

Das Simulationsgerät hat nunmehr auch die Fähigkeit eine beliebige Qualia (Qualia bezeichnet den Vorgang von identitätsbezogenen spezifische Erlebnissen, z. B. die Freude beim Wiedersehen Ihrer Familie) in Ihrem

Gehirn zu erzeugen. Zum Beispiel, dass Sie Hunger haben oder dass Sie frische Seeluft einatmen. Sie drücken also auf einen Knopf und Sie atmen frische Seeluft ein, ohne dass Sie diese frische Seeluft tatsächlich einatmen, denn dies wird nur simuliert.

Nun ist für Sie immer noch klar erkennbar, dass es sich hier um eine Simulation handelt, doch Sie merken schnell, dass die Grenzen zwischen Realität und Simulation bereits beginnen sich zu verwischen. Wenn Sie sich im Sommer im Freibad ein Vanilleeis kaufen, dann ist der Vanillegeschmack chemisch synthetisiert und nicht in der Natur gewachsen. Für mich war dies in meiner Schulzeit einer der ersten Hinweise darauf, dass das menschliche Gehirn sich, durch menschengemachte Artefakte täuschen lässt.

Zurück zu unserem Beispiel: In dieser Stufe besteht bereits die Möglichkeit, nach der simulierten bzw. synthetischen Welt süchtig zu werden. Manch einer mag ständig auf diesen Knopf drücken, um die frische Seeluft anstatt den Gestank des Straßenverkehrs vor der Haustüre einatmen zu müssen. Es scheint so zu sein, als ob unser Bewusstsein an Illusionen glauben will, wenn diese angenehmer erlebt werden, als entsprechende Erlebnisse aus der Realität.

Als dritte Stufe nehmen wir nun an, dass wir Träume simulieren können. Das heißt, das Bewusstsein der Testperson wird auf einen Bewusstseinszustand gebracht, welcher Träumen ermöglicht. Dann kann jeder beliebige Traum eingespielt werden. Ich will jetzt nicht weiter zu dem abgleiten, was wir zum jetzigen Zeitpunkt, 2019, als Science-Fiction begreifen würden. Vielmehr will ich die Frage stellen: Vorausgesetzt die Substratunabhängigkeit ist bewiesen, unter Umständen sogar durch die Simulation einer menschlichen Personenperspektive, was würde das bedeuten?

Es wäre der Beweis, dass das menschliche Leben selbst simuliert werden kann. Die Trennlinien zwischen Simulation und Realität wären beliebig, sodass nicht mehr unterscheidbar wäre, wo genau ich mich denn nun befinde. In der „echten" Wirklichkeit oder in irgendeiner simulierten Subwelt, deren Grenzlinie jederzeit, von außen gesteuert, verschoben werden kann. Ein günstiger Eingriffspunkt könnte etwa das Stadium des Schlafes sein.

Fazit aus der Substratunabhängigkeit

Wenn aber die Substratunabhängigkeit bewiesen ist, dann mag es Gott als Welterschaffer geben oder nicht, aber wir könnten mit Sicherheit sagen, dass Gott nicht allein der Schöpfer des menschlichen Empfindens und Bewusstseins ist, da wir uns dahin entwickelt haben, dass es nun in unserer eigenen Kraft liegt, dies auch selbst zu können. Der göttliche Einfluss wäre dann eher als Macht der Naturgesetze oder Erzeuger der Materie überhaupt zu sehen. Unser selbst geschaffenes Paradies hätte die Dauer, die die übergeordneten Naturgesetze zulassen.

Technik- ein kurzer Abriss wichtiger Elemente

Technik führt Ereignisse herbei, die allein durch das Wirken der Natur nicht von selbst eintreten. Technik wirkt erhaltend für die Grundbedürfnisse des Menschen. Somit ist die unterste Stufe der menschlichen Willensbildung – der Überlebenstrieb – die Triebfeder für die Entwicklung von Überlebenstechniken. Der Fisch springt nicht von selbst ins Netz. Das Netz muss erst gewebt werden. Das Herstellen des Netzes und dessen Anwendung beim Fischen sind bereits Techniken. Da die Herstellung des Fischerbootes auch der Technik zugerechnet werden muss, ist Technik immer auch eine Kombination von Techniken, um unterschiedliche Zwecke zu erfüllen. Der Sättigungsbereich der Technik ist mit dem Überleben erreicht. Jedoch ist hier noch nicht das Ende ihrer Entwicklung erreicht. Für den Menschen endet die Anwendung von Techniken nicht durch Grenzen wie Instinkt oder Sättigung der Grundbedürfnisse. Als einziges Lebewesen der Erde baut er auf bereits vorhandenen Techniken auf und erschafft sich auf diese

Art und Weise in streng monotonem Wachstum neue Techniken, die einander bedingen und sich ergänzen.

Monotone Entwicklung des technischen Fortschritts

Im Gegensatz zu den zyklisch verlaufenden Prozessen der Natur, repräsentiert die Technik ein ihr selbst innewohnendes Fortschreiten über den Status quo. Natürliche Prozesse verlaufen zyklisch und aus diesen Zyklen wird Neues kreiert, welches wieder in einen Zyklus übergeht. Dies hat zur Folge, dass Schlüsselereignisse sich wiederholen. In der Technik ist dies niemals der Fall.[10] Die Historie der Technik enthält keine Orte zu denen es sich, aus Sicht des jeweils aktuellen Stands der technologischen Entwicklung, zurückzukehren lohne. Eine Rückkehr würde zu einer Verlangsamung der Produktionsmenge führen. Die Entwicklung der Technik geschieht also exponentiell, *dieses Verhalten hat sie mit der Fortpflanzungskurve der Menschheit gemein.*

---

10 F.G. Jünger, Die Perfektion der Technik, Vittorio Klostermann, 1949, Kapitel 1-3.

Universalität der Technik

Es gibt also eine Universalität der Technik. Nicht jeder kann sie vorantreiben oder weiterentwickeln, doch alle gleich welches Geschlechts, Alters, Rasse oder Nationalität oder Religion können sie nutzen. Auf dieser Ebene entspricht die *Universalität der Technik der Universalität der menschlichen Sexualität*, sie hat keine Grenzen und kann in ihrem Lauf allenfalls gebremst doch niemals ganz aufgehalten werden. Zum Beispiel springt ein Bewohner einer Nation mit geringerer Entwicklungsstufe der Technik in eine weiter entwickelte Nation. So kann auch dieser dort Fernsehen nutzen oder in ein Flugzeug einsteigen. Alle technischen Entwicklungsstufen sind auf alle Menschen anwendbar und übertragbar.

Triebfeder der Globalisierung

Hier offenbart sich die Technik als Triebfeder der Globalisierung. Technik ist gefährlich in der Hinsicht, dass sie die Entstehung von Massenstrukturen begünstigt. Ursache ist also die Übertragbarkeit auf theoretisch alle Menschen, also ihre Universalität. Diese

Übertragbarkeit fördert die Ununterschiedenheit und damit die Unmenschlichkeit aufgrund der zunehmenden Wesensfremdheit vom Menschen zu seinen Nächsten. Im Gegensatz dazu wird die Technik, die über die notwendigen Überlebenstechniken hinausgeht, von Massenkonstrukten forciert. Die Beherrschbarkeit der Technik wird dabei in dem Maße verloren, in welchen die *partizipierende Anzahl an Menschen zunimmt.* Dies bedeutet, dass der Mensch ausschließlich in seiner seelenlosen Gesamtheit erfasst wird. So verschlingt die Technik sich selbst, denn die angestaute Macht der Technik auf den natürlichen Zyklus birgt stets das Potenzial der totalen Vernichtung der Urheber. An die absolute Kontrolle tritt das Gegengewicht der absoluten Nicht-Kontrolle.

Somit ist Technik in Massenkonstrukten als nicht beherrschbar anzusehen.

Maßlosigkeit

Der Wirkungsgrad des idealen carnotschen Kreisprozesses sagt aus, dass es eine Obergrenze für die Nutzbarkeit der Energie in ihren

Umwandlungsvorgängen gibt. Daraus folgt unmittelbar, dass es kein Perpetuum mobile erster Ordnung geben kann. Dies sagen auch der erste und zweite Hauptsatz der Thermodynamik aus.

In der Folge ist jede technische Energieumwandlung ein Verlust, da der Wirkungsgrad immer kleiner als eins ist. Es wird also immer mehr Ausgangsmaterial verbraucht, um höhere Energieformen zu erzeugen. In der Folge verschlingt die Technik mehr als sie produziert.

Somit ist einleuchtend, dass es einen zentralen Widerspruch gibt. Es ist der Widerspruch zwischen überbordenden Verlangen nach mehr und der Tatsache, dass Verbrauch und Regeneration der natürlichen Ressourcen sich in einem Gleichgewicht befinden müssen, um nachhaltig zu sein.

Keine technische Entwicklungsstufe vermag eine unendliche Anzahl von Menschen zu versorgen. Durch seine ihm zu eigene Überheblichkeit über das Leben und die Natur wird der Techniker blind für diese Wahrheit und er sägt an dem Ast, auf dem er sitzt.

Tragisch ist die Tatsache, dass technische Maßnahmen,

in erster Linie zur Verbesserung der Nahrungsmittelversorgung und zur globalen Steigerung der medizinischen Versorgung beigetragen haben. Was maßgeblich dazu geführt haben, dass das natürliche Gleichgewicht gestört wurde.

Im Übrigen ist es logisch nicht vermittelbar anzunehmen, dass bei einem Wirkungsgrad der stets kleiner als 1 ist, etwas erzeugt werden kann, dass mehr Wert hat als vor der Umwandlung. *Die Energiebilanz aller technischen Prozesse ist negativ.*

Gesichtslosigkeit der Technik in Unternehmen

Die hierarchischen Strukturen der modernen Unternehmen bestehen aus bloßen Funktionsbezeichnungen. Die Besitzer der Wirtschaftsunternehmen haben Ängste, dass eine dieser Funktionen ausfallen könnte und somit ihren Wohlstand gefährden könnte. Deshalb besteht eine panische Angst, dass eine einzelne Person, praktisch wie ein Geheimagent in diebischer Mission, sich Wissen um bestimmte technische Abläufe aneignen könnte, um deren korrekte Ausführung *nur er* weiß. Das ist ein

Risiko für das Unternehmen, denn es fühlt sich nunmehr abhängig von dieser Person, was nicht sein darf. Weniger weil diese Person mit einen USB-Stick voller geklauter Firmendaten einen Erpressungsversuch startet, sondern eher weil die Gesundheit und die weitere Lebensplanung dieser Person ein *unkalkulierbares Risiko darstellen.* Daher kommen die ständigen Forderungen danach, dass jeder eine Vertretung braucht, damit sich so viele Arbeitnehmer wie möglich gegenseitig vertreten können. Der Funktion darf kein Gesicht zugeordnet sein.

Ich habe schon viele Ingenieure in hohen Bogen aus einer Firma fliegen sehen, nur weil sie es gewagt hatten, bestimmte technische Aspekte so gut zu beherrschen, dass es den Eigentümern unangenehm wurde. Die Grenze dieses Vorgehens dieser Turboentlassungen bildet die Person des *Entdeckers und Erfinders.* In seiner Macht liegt quasi die Steuerung der vorherrschen technischen Tendenz, je nach Wirkkraft der Erfindung.

Der Entdecker kann den Eigentümer, sogar der größten Firma, von seinen Thron stoßen, wenn er es vermag einen neuen Pfad einer funktionierenden technischen

Tendenz zu etablieren. Ich denke noch an die Überheblichkeit der Hersteller der Sofortbildkameras, damals bekannt als Polaroid. Und wie diese über Nacht hinweggefegt wurden von der Digitalphotographie.

Das ist der Grund warum alle Wirtschaftsunternehmen vor allem der Hochtechnologie ein extremes Augenmerk auf die Überwachung der neu angemeldeten Patente in ihrem Wirkumfeld betreiben. Der Verlust der Vorherrschaft kann jederzeit über Nacht hereinbrechen und der Entdecker der neuen technischen Tendenz hat, zumindest ein Wikipedia-Leben lang, einen Eintrag mit seinem Gesicht als Entdecker oder Erfinder. Meine Vermutung ist, dass ein Eintrag in der digitalen Wikipedia die Liegedauer in einem normalen Friedhof um viele Jahrzehnte, wenn nicht Jahrhunderte übersteigen wird.

Menschen werden sich Wikipedia-Einträge über sich und ihr Leben für viel Geld kaufen, sobald dies vielen bewusst geworden ist.

Transport des technischen Wissens

Im Unterpunkt Universalität der Technik wurde die universelle Anwendbarkeit betrachtet. Des Weiteren existiert das technische Wissen in einer Form der universellen Transportierbarkeit. In Zeiten digitaler Netzwerke können technische Informationen, etwa von Erfindungen, in Sekundenschnelle an jeden Ort geschickt werden, zusätzlich dazu können diese Informationen auch unendlich fach kopiert und verbreitet werden.

Im Zuge dieser Tatsachen ist bereits seit Jahren ein umfassendes weltweites Patentrecht in Kraft, welches die wechselseitigen, rivalisierenden Konzerne vor einer Monopolbildung schützen soll.

Mit zunehmender Mobilität des technischen Wissens wuchsen auch die Sorgen der Unternehmen. Durch *größtmögliche Fragmentierung der Gesamtheit des technischen Wissens* bezüglich beispielsweise eines neuen Flugzeugtyps, sollen die Produktionsgesellschaften vor allzu großen Einfluss einzelner Personen geschützt werden.

Diese Vorsorge gelingt jedoch nicht immer. Bestimmte

Funktionselemente einer Maschine müssen, um zu funktionieren, von mindestens einer Person komplett verstanden und überblickt werden. Solch eine Person wird gemeinhin *Systemingenieur* genannt.

Systemingenieure sind Teile der Vorgehensweise der Wissensfragmentierung. Noch schlechter für ein Unternehmen wären etwa Ingenieure, die komplette, komplexe Maschinen verstehen und weiterentwickeln können. Da es aber immer technisch begabte Menschen geben wird, so bleibt als letzter Schutz der Firmen nur der Geldköder oder die Klagedrohung, sollte das Wissen je die Firma verlassen oder unerlaubt nach außen dringen.

Für die Verbreitung der Technik, das Streben nach ihrer eigenen Perfektion, ist der Transport ein wichtiger positiver Faktor. Die Tatsache, dass z. B. Maschinenbaupläne sofort jeden Drucker und Computer der Welt erreichen können, ist der Verbreitung der Technik und Industrialisierung selbst förderlich.

Austauschbarkeit von Materie und Mensch

Alle Funktionselemente eines technischen Automatismus sind, ja müssen austauschbar sein. Es ist eine Grundforderung einer Maschine aus Teilen zu bestehen, die jederzeit austauschbar sind.

Nötig wird ein Austausch freilich nur im Falle eines Defektes, bedingt durch Materialverschleiß. In diesen Fall muss die Maschine zur Wartung außer Betrieb gesetzt werden, was dem Drang der Technik nach Perfektion widerstrebt, da nun die Produktion angehalten werden muss.

Da die Maschine durch ihre Betreiber aber zusätzlich zur bloßen Produktion noch einem *kontinuierlichen Verbesserungsprozess* unterworfen ist, ist die Maschine ein technisches Artefakt, welches *niemals final fertig gestellt ist*. So unterliegt die Maschine, im Gegensatz zur Evolution, die zyklisch verläuft, einen stetig monotonen Perfektionsprozess, der ähnlich wie bei der Zellteilung von Säugetieren, nach einigen Verbesserungszyklen, die Konturen der ursprünglichen Maschine kaum mehr durchscheinen lässt. Der Unterschied zur natürlichen Evolution besteht darin, dass nicht die Beschaffenheit des Produktes an sich, seine Eigentümlichkeit verbessert wurde, sondern nur die Anzahl seiner identischen Kopien; es geht also um eine Produktionssteigerung.

Die Austauschbarkeit der Maschinenelemente lässt sich direkt auf deren Bediener übertragen.

Betrachtet man ein Unternehmen als große Maschine, so ist jeder Posten in der Fabrik, vom einfachen, unter Schweiß schuftenden Arbeiter bis hin zu den Facharbeitern und Ingenieuren, jeder dem Perfektionsdrang des technologischen Fortschritts unterworfen. Das bedeutet, dass jeder Arbeitsplatz, der von Menschen besetzt ist, ständig daraufhin überprüft wird, inwieweit eine Automatisierung eine Beschleunigung des Produktionsprozesses bringen würde. Die Grenze dieses Vorgehens liegt in den Technikern selbst, da sie es sind, welche die Automatisierung vorantreiben, können sie sich selbst nicht aus dem Automatismus herausnehmen, in dem sie sich selbst als treibende Kraft befinden.

Die Besitzer von Produktionsmitteln sind nicht die Unterdrücker ihrer Arbeiter. Alle sind sich gegenseitig in der faszinierenden Anziehungskraft verbunden. Der Arbeiter, fällt er durch Automatisierung heraus, findet woanders Arbeit.

Der Besitzer jedoch verliert seine Produktionsmittel, wenn ihm die Überwachung und kontinuierliche Verbesserung des technologischen Fortschritts in seinem Produktionsgebiet nicht gelingt. Deshalb haben Firmenbesitzer und Manager oftmals einen schlechten Ruf, da sie entlassen können.

In Wahrheit sind sie jedoch Getriebene. Vermeintlich getrieben von der Angst des Verlustes des Geldes, vorgeblich getrieben von der Forderung nach mehr Profit. Tatsächlich aber werden sie getrieben von denen, die an der Spitze der technischen Entwicklung stehen, seien es gefeierte Nobelpreislaureaten, Erfinder und Entwickler oder nur der einfache Ingenieur im eigenen Betrieb. Der Arbeiter ist nur das Bauernopfer.

Das Menschenbild und die Technik

Von der Transzendenz zur Eigentranszendenz

Was nun ist das Ziel der technischen Entwicklung? Wenn wir die technischen Entwicklungen als eine Art menschliche Triebfeder auffassen, so müssen wir uns fragen: Wohin führt uns die Technik?

Hier fallen uns sofort allerlei Annehmlichkeiten ein; sei es sich mit dem Auto fortbewegen zu können, das Flugzeug zu benutzen oder auch nur in der Küche warmes Wasser zur Verfügung zu haben. Auf den ersten Blick sieht das alles nach *Erleichterungen des Alltags* aus.

Wenn wir den Alltagstrott verlassen und uns dem Anwendungsfeld der Technik in der Medizin und in den Biowissenschaften ansehen, dann bietet sich uns ein anderes Bild. Die Geschehnisse an dieser Front der Technik arbeiten in eine andere Richtung. Es geht um Kernthema der Lebensverlängerung - Life Extension und letzten Endes um eine unbefristete Verlängerung des Lebens, also um die zentralen Bereiche des Transhumanismus. Die Reihenfolge der Ziele ist so einfach, wie sie auch historisch ist. Es geht um

Linderung, Prophylaxe und Heilung von Krankheiten, Verlängerung des Lebens und im Zaum halten von physischen und psychischen Schmerzen und am Ende um das Ziel des ewigen Lebens. Je nach Zeitalter erscheint uns das linke oder rechte Ende dieser Reihe kritisch und illusionär, sie bleibt jedoch in sich schlüssig.

Das Ziel jeder technischen Entwicklung oder Entdeckung ist die Eigentranszendenz des Menschen.

Parallelen und Gleichziehen des Menschenbildes im Zuge der technischen Entwicklung

Ursprünglich lebten die Menschen in Stämmen lokal zusammen und überlebten mit der Subsistenzwirtschaft, in welcher jeden eine bestimmte Funktion und Rolle zukam. In diesem Stadium herrschen die Götter.

Die technische Entwicklung, die hier verkürzt dargestellt werden soll, formte diesen Bereich der menschlichen Kultur grundlegend um.

Es entstanden Staaten, die Mobilität und Migration nahm zu. Die Vernetzung und Vermehrung der Menschen verlief exponentiell, genauso wie die technische Entwicklung voranschritt, schüttelte der Mensch die alten Götter ab und setzte nach und nach sich selbst dafür ein. Jetzt, im Jahre 2019, unterscheidet sich ein 18-jähriger Südkoreaner von einem 18-jährigen Engländer kaum noch. Die Wünsche, Vorstellungen und Ziele wurden aus nivelliert. Obwohl es soviel Menschen wie noch nie zuvor auf der Welt gibt, ist die individuelle Unterscheidung auf ein Minimum gesunken.

Die Technik ist das Zugband, welches den Wunsch des endlichen Lebens mit der Unendlichkeit verbindet. Dieser Wunsch ist dem Menschen inhärent, sonst gäbe es keinerlei technische Entwicklung. Die Tatsache, dass ebendiese, sich weltweit aus den Regionen heraus unterschiedlich schnell entwickelte, wird letzten Endes keine Bedeutung mehr haben, da die Wirkung der Technik universell übertragbar auf alle Menschen ist.

Der Mensch ist eine Idee, die Gott sein will. Des Menschen Wirkprinzip ist das Streben nach seiner eigenen Transzendenz. Die Ziele des Transhumanismus sind nur die bedingungslose Offenlegung seines innersten Wesens. *Der Mensch ist beides; die Erweiterung und die Grenze seiner selbst, der transhumane Mensch schwingt zwischen dem Jetzt und der Ewigkeit hin und her.*

Verzicht und Nachhaltigkeit

Die Ideen und Ziele des Transhumanismus sind proportional zu dem menschlichen Verhalten der *Nicht-*Nachhaltigkeit. Die Aussicht auf eine mögliche Aufhebung der Grenzen der menschlichen Lebensspanne führt zu einer Entgrenzung der Bedürfnisse, wie sie derzeit weltweit beobachtbar ist.

Ein Verzicht kann nur dort sinnvoll sein, wo zugunsten nachfolgender Existenzen, die eigene Sterblichkeit eingesehen und akzeptiert wird. Somit kann nur derjenige nachhaltig handeln, der davon ausgehen muss zu sterben und sich daher im zyklischen Verbund von Religion und Natur befindet. Dies umzusetzen bedeutete den Ausstieg aus dem monotonen Verlauf der technischen Entwicklung und das Verharren auf zyklisch, nachhaltigen Wegen. Dieser Mensch hätte sich entschieden, nicht wie ein Gott sein zu wollen.

Alles jederzeit haben zu wollen oder gar zu können, ist die eine Seite der Medaille. Deren andere Seite ist alles und jedes für immer zu bekommen, was in der physischen Welt, wie sie von uns wahrgenommen wird, nicht möglich ist.

Was aber wenn der Mensch sich nicht durch eigene Kraft transzendieren kann?

Der Kampf des Menschen gegen den natürlichen Zyklus des Lebens und der Zeit ist nichts anderes als die Geschichte der Entwicklung der Technik. Im Laufe der letzten tausend Jahre wurden die Götter verdrängt, da der Mensch selbst Gottes Thron erreichen wollte. Sollte es eines Tages so weit kommen, dass es sich im vollen Umfang der menschlichen Erkenntnis beweisen lässt, dass eine Eigentranszendierung *nicht* möglich ist, dann wird der Sturz des Menschen ein furchtbarer sein. Ein Chaos epischen Ausmaßes wird die Welt beherrschen. Und eines Tages, wenn der Mensch seinen Blick wieder auf den Himmel und die Sterne des Nachthimmels richtet, werden die Götter wieder in ihm erwachen und er wird feststellen, dass sie niemals tot gewesen sind. Sie haben nur eine Zeit lang geschlafen.

Transhumanismus und Technik

Selbstverständlich zielt der Transhumanismus darauf alle Techniken, die zu einer Transzendierung des Menschen führen können, zu nutzen und zu fördern.

Im Focus steht im Augenblick, im Jahre 2019, der Quantencomputer. Da für eine Digitalisierung bzw. Simulation des menschlichen Gehirns exorbitante Rechenleistung benötigt wird, steht die Entwicklung eines Quantencomputers an erster Reihe.

Es müssen jedoch mehrere Strömungen unterschieden werden.

Zum einen gibt es die Forschungsbereiche, die auf eine Lebensverlängerung, respektive eine Lebensverbesserung abzielen. Hier reichen die Forschungsbereiche von Hochleistungsprothesen bis hin zu Nanomaschinen, die im menschlichen Körper schadhafte Zellen auflesen und neutralisieren können.

Das Hauptziel jedoch ist die Transzendierung des Menschen selbst.

Dieser Wunsch wird in Forschungsfeldern wie digitale Hirn-Computer Schnittstellen und Brain-Upload, bzw. Wohle-Brain Simulation untersucht.

Technologische Singularität

Zunächst eine allgemeine Definition der technologischen Singularität, wie sie im Jahr 2019 in der Online-Wikipedia zu finden ist:

„Unter der technischen Singularität wird der Zeitpunkt verstanden, ab dem die Zukunft des Menschen nicht mehr vorhersehbar ist.

Es wird angenommen, dass der Mensch selbst solch eine technologische Singularität herbeiführen wird, indem er eine Superintelligenz entwickelt. Dabei handelt es sich um eine Maschine, die sich – für Menschen nicht mehr überblickbar – rasend schnell selbst verbessert. Vor allem die Zukunftstechniken, die auf eine vollständige Transzendierung des Menschen abzielen, gehen davon aus, dass eine technologische Singularität notwendig ist, um das Ziel erreichen zu können.“

Wer im Jahre 1356 behauptet hätte, dass es irgendwann Flugzeuge oder Mondraketen geben würde, der hätte einige Probleme bekommen. Wenn er Glück gehabt hat, dann hätte man ihn als Verrückten eingesperrt. Im Zweifel wäre er von vielen Seiten bedroht worden. Die weltlichen Kreise der Gesellschaft ordnete ihn zu den Geisteskranken und die Kleriker zu den gefährlichen Ketzern.

Wir kennen alle den Verlauf der Geschichte und wissen um die Wendungen der technischen Entwicklung bis zum heutigen Zeitpunkt. Alle Gedankenspiele unseres mittelalterlichen Freundes haben sich realisiert.

Ich will kurz darauf eingehen, warum unser Freund eine derart schlechte Behandlung erfahren hätte.

Das oben erzählte Phänomen könnte man als eine Art Overton-Fenster der Technik beschreiben.

Hätte unser Freund seine Visionen ein paar Jahrhunderte später, sagen wir 1756, gehabt, dann wäre die Reaktion der Gesellschaft eher in die Richtung gegangen zu sagen, die Technik ist „noch nicht soweit" oder es liegt „noch ein langer Weg vor uns".

Unser Freund hat seine Behauptungen einfach *zu früh* aufgestellt. Das Overton-Fenster wird üblicherweise zur Beschreibung politischer Sachverhalte in Relation zur öffentlichen Meinung (Linksrechts Schemata) verwenden. Das Overton Fenster kann auch zum Einordnen von bestimmten, den technischen Fortschritt betreffenden Aussagen, eingesetzt werden.

1359 befand sich unser mittelalterlicher Freund mit seinen Aussagen ganz links, also im undenkbaren Bereich. Er steht somit mit seiner Aussage außerhalb der Gesellschaft und muss mit entsprechenden Sanktionen und Strafen rechnen, die ihn wieder zur Mitte hinführen sollen. 1759 steht unser Freund, aufgrund der inzwischen stattgefundenen Erfindungen, bereits viel weiter in Nähe zur Mitte.

Für eine technisch modifiziertes Overton-Fenster bietet sich folgende Skala (von links nach rechts) an:

Hirngespinst, blühende Phantasie eines Verrückten, extreme Science-Fiction

Wunschdenken, zur Umsetzung fehlen grundlegende Elemente

Extrem aufwendig zur Umsetzung, da es noch keine Erfahrung oder Detailwissen gibt

Technisch umsetzbar

Wo findet sich in diesem Schema nun die technologische Singularität?

Nach einer der zu Beginn des Kapitels gegebenen Definition kann es sich bei einer technologischen Singularität um einen Zeitpunkt handeln, ab dem die Zukunft der Menschheit nicht mehr voraussehbar ist. Eine solche geschichtliche Singularität wäre zum Beispiel die Erfindung des Kunstdüngers. Dessen Wirkung es war und ist, eine Größe der menschlichen Population von mehreren Milliarden herbeizuführen, die sonst nicht möglich gewesen wäre.[11]

Nun gibt es in der Geschichte mehrere solche Wendungen, wie zum Beispiel die Entdeckung der Kernspaltung und den Bau der Atombombe als Massenvernichtungswaffe. Es scheint also einen wichtigen Unterschied zwischen einer Erfindung und einer Entdeckung zu geben.

---

11 F.G. Jünger, Die Perfektion der Technik, Vittorio Klostermann, 1949, S.22

Erfindung

Eine Erfindung ist daher im Wesentlichen die Darstellung bzw. Umschreibung eines technischen Artefakts, welches *aus bereits bekannten technischen Elementen*, seinen diese mechanisch oder elektronisch/ digital, gebaut werden *kann,* wenn die ausgeklügelten Bedingungen des Erfinders angewandt werden. Eine Erfindung kann also nicht daraus bestehen, dass jemand von technischen Tatsachen ausgeht, die unbekannt sind. Dann wäre die vorgeschlagene Erfindung ein *Hirngespinst*.

Entdeckung

Die zu Kapitelbeginn beschriebene technologische Singularität zielt auf eine Entdeckung ab. Die dafür nötige Entdeckung wäre das Know-how zum Bau eines Computers, der sich selbst verbessert.

Doch was genau ist eine Entdeckung? Zur Veranschaulichung stellen wir uns vor, dass unser mittelalterlicher Freund vor seiner Haustüre den Bauplan für einen Düsenjet findet. Ein 200 Seiten starker Wälzer. Wäre das nun die Entdeckung des

Flugzeugs oder Strahlentriebwerkes?

Nein, denn der fiktive Bauplan wäre nutzlos, niemand könnte ihn lesen oder verstehen, da die Voraussetzungen fehlen. Bei den fehlenden Voraussetzungen handelt es sich einfach nur um das Zeitintervall der Gesamtheit aller technischen Entwicklungen, die nötig sind, um ein Strahltriebwerk technisch zu begreifen.

Also was ist nun eine Entdeckung?

Der Blick des Menschen auf die Natur erfolgt mit der Gesamtheit seiner technischen Artefakte, wie z. B. Mikroskop, Fernrohr, Röntgenbeugungsanalyse. Die Summe der Betrachtungen formen das gegenwärtige Weltbild der Natur. Es geht also im Kern um das immer genauere Erkennen der Natur und ihrer Gesetze. Eine Entdeckung ist daher, die unter Aufwendung aller zur Verfügung stehenden technischen Artefakte, gemachte Beobachtung eines Naturgesetzes und die mathematische Beschreibung von dessen Funktion.

Auf der Basis einer Entdeckung können angepasstere und wirkungsvollere Erfindungen gemacht werden, da sich die allgemeine Detailschärfe der Naturbetrachtung durch die Entdeckung erhöht hat.

Life Extension

Kennen Sie die Geschichte, die sich um das Bildnis des Dorian Gray rankt?

Der Traum von der ewigen Jugend ist stets präsent. In Werbesendungen werden üblicherweise junge Menschen gezeigt. Dies hängt in erster Linie damit zusammen, dass positive Erlebnisse in der Jugend intensiver erlebt werden. Das höhere Lebensalter empfindet tendenziell eher mehr Zufriedenheit als zuversichtliche Emotionen.

Jedoch die Jugend ist verknüpft mit einer Vielzahl von Faktoren, die sie sogar zum einzigen erstrebenswerten Gut werden lässt. In der Jugend liegt das Leben noch vor einen, das Sexualleben ist noch aktiv, eine große Menge von Optionen wie denn die Zukunft aussehen könnte, steht zur Auswahl bereit. Anschaulich bedeutet ein zunehmendes Lebensalter in erster Linie zunächst eine linear, später eine ex potenziell steigende Einschränkung von Möglichkeiten. Das menschliche Leben kann als Zyklus betrachtet werden.

Die Strategie der Life Extension befasst sich daher intensiv mit Verfahren und Methoden, den

Alterungsprozess zu verlangsamen oder die Heilung von Krankheiten voranzutreiben. Dies hört sich nach den Standardtätigkeiten der Mediziner an; bei der Life Extension kommen aber noch mehrere Faktoren anderer Wissenschaftsgebiete hinzu.

Telomer Shortening

Die Körperzellen des Menschen erneuern und teilen sich ständig. Bei diesen Erneuerungsprozess werden bestimmte Bestandteile der DNA kopiert und die Telomere werden immer kürzer. Dieser Vorgang lässt sich daher nicht unendlich fortsetzen. Mit ca. 120 Jahren haben die Körperzellen, wenn der Körper solange überlebt hat, ihr natürliches Ende erreicht. Die Französin Jean Calment erreichte 122 Lebensjahre und markiert damit gegenwärtig die maximale humane Lebensspanne.

Hier gibt es Ansätze medizinisch einzugreifen, um ein längeres Leben potenziell zu ermöglichen.

Jedoch ist die Problematik der maximalen Lebensspanne nicht primär, da die allermeisten Menschen schon deutlich vorher sterben. Schuld sind genetische Prädisposition, erbliche Krankheiten, Unfälle, chemische Giftstoffe in Nahrung und Umwelt, vor allem Stress, Rauchen, Drogen und falsche Ernährung verkürzen unsere theoretische Lebenserwartung offenkundig. Vom Rauchen sagt man z.B., dass es etwa sieben Jahre weniger an Lebenszeit ausmacht, was ich für realistisch halte. Allerdings ist die massive Alkoholsucht noch deutlich aggressiver, ein extremer Säufer kann leicht sein Leben um 20 bis 30 Jahre verkürzen, wenn er täglich literweise hochprozentigen Alkohol trinkt.

Es sieht also ganz danach aus, dass das was, gemeinhin der Spaß am Leben zu sein scheint, gerade dazu führt es zu verkürzen. Auf der anderen Seite sehen wir so viele alte und auch jüngere Menschen, die scheinbar nichts mit ihrer Lebenszeit anzufangen wissen. Dann wollen wir immer wissen, warum gerade jene nach mehr Leben verlangen, die ohnehin nichts damit anzufangen wissen. Die Antwort ist einfach: Es ist die schiere Angst vor dem Tod, man weiß nicht, was dann passiert. Der Tod, der aus unserer westlichen Gesellschaft verdrängt wurde. Es scheint ihn nirgendwo mehr zu geben. Selbst im Krankenhaus wird darüber nicht gesprochen, bei den Gesunden sowieso nicht. Unsere Gesellschaft scheint ohnehin schon davon auszugehen ewig zu leben. Der Tod erscheint uns als unvermeidlicher Unfall, der irgendwann mal passiert. Die Tatsache, dass Gesellschaften anders handeln, die den Tod noch täglich vor Augen haben soll hier nicht diskutiert werden. Eben die fehlende Akzeptanz des Todes ist die Motivation Life Extension voranzutreiben.

Es gibt für das Fehlen von sinnvoller Freizeitbeschäftigung noch einen anderen Grund. Um freie Zeit so nutzen zu können, dass diese nicht nur totgeschlagen wird, sondern diese freie Zeit sowohl an sich eine höhere Art von Lebenskraft ist, als auch eine qualitativ gesteigerte Lebensqualität wieder hervorbringt, ist das Vorhandensein eines geistigen Lebens eine Vorbedingung. Existiert dieses nicht, dann führt freie Zeit nur dazu, durch passiven Konsum vorgefertigter Medien, noch mehr geistig abzustumpfen.

Nutzen von künstlich hergestellten Organen

Wenn Ihre Eltern daran gedacht haben Ihr Nabelschnurblut aufzufangen und zu konservieren, dann können daraus theoretisch alle Körperzellen (Organe, Blut, Knochenmark) erzeugt werden, wenn die Forschung soweit ist. In Japan wurde 2019 erlaubt menschliche Organe in tierischen Substraten zu züchten.[12]

Life Extension ist also im besten Falle eine deutliche Verzögerung, ein Hinausschieben des Alterungsprozesses und des Todes. Es ist jedoch keine Lösung, denn der Tod wartet geduldig. Wenn Sie Pech haben, schnappt er Sie mit in sein dunkles Reich, wenn mal eine der Life Extensions technisch fehlschlägt. Das sieht nicht nach einer nachhaltigen Lösung aus, was meinen Sie dazu?

Würden Sie ihre eigenen Kinder überleben wollen? Angenommen Sie können 300 Jahre alt werden, was fangen Sie damit an?

---

12 https://www.zeit.de/wissen/gesundheit/2019-07/mischwesen-japan-mensch-tier-organzuechtung-organspende-tierembryo

Hätten Sie Gewissensbisse Life Extension anzuwenden, wenn nur Sie sich es leisten könnten und andere Menschen nicht?

Wie gehen Sie damit um, dass jeder, den sie kannten, gestorben sein wird?

Gibt es eine Verbindung zwischen Social Freezing und Life Extension?

Unter Social Freezing wird das Einfrieren der weiblichen Eizelle verstanden, um der Frau einen späteren Kinderwunsch erfüllen zu können. Die Eizellen werden über mehrere Jahrzehnte, auch über den fruchtbaren Lebensabschnitt der Frau hinaus, kryokonserviert.

Gegenwärtig wird dafür die Methode der Vitrifikation angewendet. Die Vitrifikation ist eine spezielle Methode durch welche der Einfriervorgang so stark beschleunigt werden kann, dass während des Einfrierens keine Eiskristalle entstehen können, sondern eine glasartige Substanz herausbildet.

Die Formation von Eiskristallen muss unbedingt vermieden werden, da die Eiskristalle des Wassers während des Abkühlens so stark wachsen, dass sie die Zellwände der Eizellen durchbrechen und schädigen können. Deshalb wird bei der Vitrifikation der Einfriervorgang so stark beschleunigt, dass sich keine Eiskristalle bilden können.

Das Social Freezing kann unter dem Begriff der Kryokonservierung eingereiht werden. Seit es dieses Verfahren gibt, wurden ca. 5000 Kinder durch ein Auftauen, Befruchten und Wieder einsetzen in die Gebärmutter gezeugt.

Mit Social Freezing wird das eigene Leben nicht verlängert, somit handelt es sich dem Anschein nach um keine Form der Life Extension. Jedoch greift Social Freezing in den natürlichen Zyklus der Natur und der Frau ein, da ein Kind auch nach dem Ende des natürlichen Zyklus noch geboren werden kann. Einige Länder erlauben daher das Social Freezing nur bis zu einem gewissen Lebensalter.

Eine transhumane Frau ist nicht mehr Teil des natürlichen Zyklus und damit nicht den zeitlichen Zwängen der natürlichen fruchtbaren Periode der Frau unterworfen. Der Zeitpunkt des Nachwuchses wird quasi aus der Zeit gerissen und soll selbst bestimmt werden. Also ist Social Freezing keine life extension an sich, sondern eher ein Teil der Lebensoptionen eines transhumanen Menschen; ein der Natur entnommenes Zeitkontingent ist eine gute Umschreibung.

Kryokonservierung – der Fall Kim Suozzi

Sehr zu Herzen ging vielen der Fall um die Studentin Kim Suozzi. Tragisch ist ihre Erkrankung an einem seltenen Fall von Gehirntumor im Alter von nur 23 Jahren, mit einer durchschnittlichen Lebenserwartung von 11-14 Monaten nach der Diagnose des Tumors. Sie unterzog sich 2012 einer Chemotherapie, die erfolglos verlief. Anschließend entschied sie sich ihr Schicksal "Alcor" in die Hände zu legen. Alcor ist eine amerikanische Firma, die sich auf Kryonik spezialisiert hat und Kims Körper tiefgefroren hat, in der Hoffnung auf eine Heilung oder Wiederherstellung ihres Körpers und Bewusstseins in der Zukunft.

Kurz vor ihrem natürlichen Tod hielt sie sich nur wenige Minuten von Alcor entfernt auf, damit die Vorbereitungen für ihr Einfrieren unmittelbar nach ihrem Tod sofort starten konnten.

Ihre letzten Worte waren:

"Die meisten von euch [ihren Angehörigen und Helfern, Amn. durch den Autor] wissen, dass ich eine Agnostikerin bin. Ich weiß nicht was nach dem Tode passiert, aber ich sehe keine Anhaltspunkte dafür, dass mein Bewusstsein nach meinem Tod weiter existiert. Die einzige Hoffnung, die mich mit meinen Tod besser zurechtkommen lässt, ist die Chance, dass die Kryonik es eines Tages schaffen wird, die Menschen wieder zum Leben zu erwecken. So wie ich es sehe, ist dies eine bessere Aussicht als zu verrotten oder kremiert zu werden."[aus dem Englischen, v.d.Autor][13]

Da ich Kim Suozzi als Beispiel für eine Transhumanistin sehe, will ich ihre letzten Worte näher betrachten.

Zunächst wird die Existenz einer Metaebene nach dem Tod bezweifelt. Dem schließt sich der Glaube an ein Weiterleben durch technische Methoden in der Zukunft an. Der Körper soll nicht verloren gehen, sondern weiterleben. Es wird der Hilferuf eines jungen todkranken Mädchens deutlich. Der Wunsch nach Erhaltung des Körpers steht hier im Vordergrund. Ein älterer Patient wünschte sich vermutlich eher zusätzlich noch eine Verjüngung bei seiner Wiedererweckung.

Grundsätzlich werden folgende Grundzüge der Transhumanisten aus diesem Beispiel deutlich:

---

13 https://www.alcor.org/donate/KimSuozzi.html

Das menschliche Bewusstsein und sein Körper werden zunächst als nicht transzendierend betrachtet. Die Aussage bedeutet, dass eine Existenz Gottes, zwar nicht ausgeschlossen - agnostische Sichtweise- , jedoch zumindest nicht als ausreichend wahrscheinlich für das eigene Seelenheil gesehen wird.

Die Technik, die vom Menschen hervorgeht, wird als Chance auf ein Weiterleben wahrgenommen. Damit wird dem Menschen die Rolle eines *Gottes in der Zukunft* zugeschrieben. Der Mensch ist praktisch ein im *Werden begriffener Gott.*

Gesetzt dem Fall Kim Suozzi wird in 100 oder 300 Jahren wiedererweckt und ihr Gewebe rekonstruiert. Was würde passieren?

Die Identität von Kim Suozzi ist im westlichen durch die Erinnerung ihres autobiographischen Gedächtnisses ausgeprägt. Zum Zeitpunkt ihrer Wiederkehr wird kein naher Verwandter oder gar die Eltern oder Freunde noch leben. Ich sehe hier, ganz im Gegensatz, die Vorstellung der metaphysischen Paradiese, in denen man sich im Kreise seiner Familie in einem nicht Enden wollenen glückseligen Zyklus (es finden sich keine monoton entwickelnden Paradiese) wiederfindet. Ich erinnere daran, dass z. B. das christliche Paradies den Menschen das Leben nach dem Tod als gesunden jungen Erwachsenen verspricht.

Kim Suozzis mögliche Wiederkehr wäre, zumindest zunächst, eine Wiederkehr in eine sehr kalte Welt, denn wer könnte sofort Gefühle entwickeln für jemanden, der Jahrhunderte lang geschwiegen und geschlafen hat.

Ich meine, dass Eingriffe in das autobiographische Gedächtnis oder Bewusstsein, so sie denn eines Tages anwendbar sind, den Menschen derart steuern und beeinflussen könnten, dass dieser alles akzeptieren kann, auch seinen eigenen *notwendigen, da der Evolution geschuldeten,* physischen Tod.

Reproduktionsmedizin und Eugenik

Im Auto höre ich eine Radiosendung. Der Titel heute ist: "Frauen, die ihre Kinder ohne Mann mithilfe von Samenspendern bekommen haben". Die Sendung läuft so ab, dass Frauen vorgestellt werden. Alle haben entweder eine anonyme Samenspende verwendet, um schwanger zu werden, oder sich für einen Spender entschieden, dessen Identität bekannt war. Soweit nichts Neues. Hier war das Tüpfelchen auf dem „i", dass es sich nicht um Paare handelte, sondern um so bezeichnete „Solo-Moms", also Frauen, die a priori schon keinen Mann haben, der nach der Mutterschaft die soziale Rolle des Vaters übernehmen könnte.

Eine moralische Betrachtung oder gar die Frage, was für das Kind besser wäre, will ich überhaupt nicht stellen. Ich will den Umgang mit dem technischen Fortschritt beleuchten und wie er von den Menschen, hier in diesem Beispiel von Frauen mit Kinderwunsch, verwendet wird, um Ziele zu erreichen.

Zunächst ist festzustellen, dass die Möglichkeit des technischen Fortschritts genutzt wird. Es wäre immerhin denkbar, dass die Menschen eine

Umsetzungsmöglichkeit der Technik vollständig zurückweisen. Doch es ist in der Realität so, dass dies niemals der Fall ist oder war. Das bedeutet, dass technische Möglichkeiten, manchmal nach einigem juristischen Hin und Her und verschiedenen landestypischen Bedenken, immer Anwendung finden.

Der Grund liegt in einer *scheinbaren* Erleichterung von Lasten, die den Menschen bedrücken.

Der Umgang einer menschlichen Beziehung (Mann/Mann, Frau/Mann, Frau/Frau), als Paar zu einem Kind zu finden ist ungleich schwerer, da das Gegenüber ja überzeugt werden muss. Dies ist nun bei der Umsetzung mit einer Samenspende nicht mehr der Fall, die Entscheidung kann alleine getroffen werden. Ein Vater kommt als soziale Komponente gar nicht vor.

Die Technik *und die Regeln der Menschen,* schließlich muss es eine gesetzmäßige Freigabe geben, haben der Frau eine Erleichterung in der Umsetzung ihrer Wünsche gebracht. Eine Lebensform, die es ohne Technik und ohne Not (im Beispiel: der Tod des Ehepartners), früher – also vor der technischen Möglichkeit der künstlichen Befruchtung nicht gegeben hätte. Natürlich kann daraufhin eine kontroverse Diskussion stattfinden. Mir kam es aber darauf an, zu zeigen, dass technische Umsetzungen genutzt werden. Wenn Sie da sind, dann stehen sie niemals ungenutzt herum. Wie die Menschen, die sie planten und erarbeiteten, lebt die Technik und wird im Augenblick noch von *menschlichen Forschern* weiter voran getrieben. Die Technik scheint etwas zu sein, was der Mensch von sich selbst aus hervorbringt und es offenbart sich, dass es zu seinen innersten Wesen gehört, Techniken zu erschaffen.

Doch kann eine technische Entwicklung überhaupt aufgehalten werden?

Fragen zu dem behandelten Fall

Was würden Sie als Frau machen, wenn Sie anders als durch Samenspende keine Kinder bekommen können, aber unbedingt wollen?

Welche Wirkung haben die möglichen Partnersurrogate (Freunde, bezahltes Personal, nicht biologischer Partner, der später hinzukommt) auf das Kind?

Handelt die Frau hier gegen ihr natürliches biologisches Programm?

Posthumanität

Ab wann kann von einem posthumanen Individuum gesprochen werden?

Nick Bostrom nennt in seinem Buch „Die Zukunft der Menschheit"[14] folgende Indizien für das Erreichen der Posthumanität von denen ich einige näher betrachten will:

- Eine Erdbevölkerung von mehr als einer Billion Personen
- eine durchschnittliche Lebenserwartung von mehr als 500 Jahren

Dazu fällt mir folgende Begebenheit ein. Eine junge Studentin der Biowissenschaften, Timea, die ein Praktikum in meiner Firma absolvierte. Es ging um die CRISPR Methode, die sie in ihren Studien selbst schon durchgeführt hatte. Diese biologische Arbeitstechnik ermöglicht es, defekte Sequenzen des menschlichen Genoms durch gesunde zu ersetzen, also genetische

---

14 Bostrom, Die Zukunft der Menschheit, suhrkamp, 2018, S.38f.

Reparaturen anzuwenden. Ich wurde sofort neugierig und begann sie ein wenig auszufragen, was man damit denn so alles heilen kann. Schnell wurde klar, dass es in erster Linie um die Heilung von Krankheiten geht, die vererbt werden. Ein Blick auf die ganze mögliche Wucht dieser Methode zeigt sich aber deutlich, wenn man sich vor Augen hält, dass erst von ca. 40 % des menschlichen Genoms bekannt ist, für welche Funktion ein Genom genau zuständig ist. Wüsste man das – und die Erlangung dieses Wissens liegt bereits in der nahen Zukunft – so könnte man im Prinzip alle Eigenschaften des Erbguts verändern. Den Körperbau, die Augenfarbe, das Geschlecht, die Hautfarbe; man könnte sich einen maßgeschneiderten Menschen erschaffen. Vor den Folgen dieser Methode bestehen Ängste, was auch die Ursache dafür ist, dass Genetic Engineering in vielen Ländern verboten ist. Doch jede Technik wird eingesetzt werden, wenn sie vorhanden ist.

Die Ängste beziehen sich in vorrangig darauf, dass durch Genetic Engineering neue Krankheiten und Fehlbildungen erzeugt werden könnten, denen die Abartigkeit von Frankensteins Monster anhaftet und die nicht exakt voraussagbar sind. Die Chancen bestehen jedoch in einem längeren Leben und sind meines Erachtens zu verführerisch, um nicht eines Tages doch genutzt zu werden.

Im Ringen gegen das Schicksal, hat bereits die Heilung einer Erbkrankheit, wie sie jetzt schon mit der Methode durchführbar ist, einen messbaren Erfolg. Es wird ein ganzer Lebenszyklus eines Menschen ermöglicht, der sonst nur wenige Wochen oder gar nicht gelebt hätte.

Zurück zu Bostroms Thesen der Posthumanität:

Postulat 1: Mehr als eine Billion Menschen auf der Erde

Was steckt hinter dieser Aussage? Nun, um so viele Menschen mit Nahrung zu versorgen, muss die Nahrungsproduktion derart gestaltet sein, dass eine derartige Menschenmenge auch ernährt werden kann. Dazu ist genetisch verändertes Saatgut unumgänglich, da die Ausbeute der Ernten maximal sein muss.

Bereits ohne Kunstdünger, ebenfalls ein menschengemachtes Artefakt, wäre die Versorgung der jetzigen Weltbevölkerung von 7,7 Milliarden mit Nahrungsmitteln nicht zu bewerkstelligen.

Nach meiner Schätzung werden niemals 1000 Milliarden Menschen auf der Erde leben können, wenn diese sich konservativ ernähren sollen.

Es gibt nicht genug Ackerfläche um so viel Nahrungsmittel wachsen zu lassen. Ich denke Bostrom zielt hier darauf ab, dass diese Menschenzahl durch künstlich hergestellte Nahrung, die für alle Nährstoffe ein vollständiges Surrogat bilden, ernährt werden sollen.

Als weiteren kritischen Faktor sehe ich die Tatsache, dass die exponentielle Komponente des Bevölkerungswachstums noch niemals in der Geschichte gebremst werden konnte. Nicht durch die schwarze Pest und auch nicht durch die beiden Weltkriege oder die spanische Grippe. In der Übersicht sind diese als „große Katastrophen der Menschheit" nur als minimale Dämpfung der Steigung des anzeigenden Wachstumsgraphen zu erkennen.

So muss davon ausgegangen werden, dass 1000 Milliarden Menschen nicht erreicht werden können, ohne dass fundamentale Eingriffe in der

Nahrungsmittelherstellung und in der Geburtenkontrolle erfolgt sind.

Überhaupt fehlt diesem Argument eine Angabe zu seiner Wachstumstendenz. Wenn das Argument so zu verstehen ist, dass die 1000 Milliarden mehr oder weniger gehalten werden können, so kann davon ausgegangen werden, dass es sich um ein posthumanes Stadium handelt. So und nur so ist diese Zahl erklär- und vorstellbar, bzw. können die 1000 Milliarden überhaupt nur erreicht werden.

Postulat 2: Eine durchschnittliche Lebenserwartung von mehr als 500 Jahren

Um 500 Jahre leben zu können, wären profunde Eingriffe in die humane Genomsequenz notwendig. Zuerst einmal müsste er vollständig verstanden und entschlüsselt werden. Dann müsste das gesamte Konzept des Menschen, wie es sich im natürlichen Zyklus entwickelt hat, umgebaut werden. Wobei sich hier die Frage stellt, warum nicht gleich auf unendlich Leben umstellt werden sollte? Ein Selbstmord oder Tod durch äußere Gewalt oder Fremdeinwirkung wie Unfall oder Feuer wären weiterhin möglich. Der gesamte psychologische Überbau für solch ein langes Leben müsste erst entstehen.

Wenn ich 500 Jahre Lebenserwartung habe und vorher üblicherweise nur durch äußere Gewalteinwirkung sterben kann, wäre es da nicht Wahnsinn, in ein Auto oder Flugzeug einzusteigen, oder auch nur die Straße zu überqueren? Wenn man hier eine Risikobetrachtung durchführt, dann wird schnell erkennbar: Je länger das Leben dauert, desto risikoreicher eine jede Handlung, die dazu führen könnte, dass es vorzeitig endet. 500 Jahre Lebenserwartung bedeuten noch nicht wahre Unendlichkeit, da hier kein Back-up der Identität vorliegt, sondern lediglich eine Verlängerung der Lebenszeit.

Nietzsches "Zarathustra" – ein erstes Aufleuchten des Transhumanismus im 19 Jahrhundert?

Die Worte des griechischen Dichters Pindar : „génoi' oíos essí mathón", wurde von Nietzsche mit den Worten "Werde der, der du bist" übersetzt.

Eine individuelle menschlichen Seele vorausgesetzt, bedeutet dies die maximal mögliche Abgrenzung zu jeder Bindung in der Gemeinschaft oder Beziehung. Niemand wird kompromisslos das, was er ist, da dies dem Menschen als sozialen Wesen zu wider läuft. Es würde praktisch bedeuten, über Leichen zu gehen und nur sich selbst als Richter zu akzeptieren.

Nietzsches Ausspruch: "Alle Lust will Ewigkeit", stammt aus seiner Abhandlung "Also sprach Zarathustra, ein Buch für alle und keinen"

Da der Mensch seinen Lüsten durch die Natur unterworfen ist, bedeutet dies auf das behandelte Maxime übertragen, dass der Mensch der Steigerung und Aufrechterhaltung seiner Gelüste grenzenlos frönen müsste, um zu dem zu werden, der er ist. Wie wäre es um jemanden bestellt, der nur seinen Lüsten frönte, seinen es Speisen, Alkohol, Drogen, Geld, sexuelle Lust oder gar Gewalt als Lust? In einer menschlichen Gemeinschaft hätte solch ein Wesen sicher keinen Platz, es wäre der perfekte Außenseiter oder Kriminelle. Hier wird schnell deutlich, dass die menschlichen Gemeinschaften aus Kompromissen oder Gesellschaftsverträgen bestehen, in denen die Lüste reglementiert werden: Essen: ja, in Maßen. Sex, ja aber bitte in Partnerschaft, Gewalt von Privatpersonen, aber bitte niemals!

Alle diese Reglementierungen, man könnte die Gesamtheit der Reglementierungen auch Kultur oder Zivilisation nennen, basieren jedoch auf einem wesentlichen Prinzip. *Es ist das Prinzip der zeitlichen Verdrängung des Todes.* Durch die zyklisch verlaufenden gesellschaftlichen Prozesse in einer Kultur wird den Menschen vorgespielt, dass er ewig lebe und deshalb keinen Grund hat, z. B. sein überbordendes Verlangen nach seinen Gelüsten, jetzt nachzugeben, am besten bis zu seinem Tode nicht. Es scheint der menschlichen Gesellschaft *nichts* am Auftauchen des Übermenschen, jenem Menschen der letzten

Konsequenz, zu liegen. Für den Übermenschen gilt Kants kategorischer Imperativ nicht. Der Übermensch steht außerhalb des Sozialen.

Wo können wir den Übermenschen finden? Gibt es ihm bereits?

Der Übermensch beginnt dort, wo der Mensch aufhört. Und der Mensch endet im Tod. Somit steht der Übermensch symbolisch für die Überwindung des Todes aus menschlicher Kraft ohne das Eingreifen eines Gottes. Zu einer Zeit, da der Mensch seinen Tod noch nicht überwunden hat, gibt der Übermensch sein kurzes Gastspiel in dem Menschen, der seine letzte Konsequenz lebt und schließlich daran zugrunde geht.

Die Überwindung des Todes durch Wiederauferstehung und Rückkehr in die Welt wird üblicherweise in den Religionen ausschließlich durch ein Gottwesen, z. B. Jesus Christus, dargestellt. Nur eine Person, die völlig rein ist und keiner menschlichen Gelüste frönt und einen tadellosen Charakter besitzt, darf von den Toten wiederkehren.

An dieser Stelle will ich folgende Frage an den Leser richten: Um welches Ereignis handelte es sich, kehrte ein einfacher Mensch von den Toten zurück? Aufgrund der nunmehr zeitlichen Ungebundenheit könnte Nietzsches Forderung "Alle Lust will Ewigkeit" in diesen Mensch zur Geltung kommen. Warum sollte jener seinen Lüsten nicht bis zur letzten Konsequenz folgen, jetzt da seine Lust der Ewigkeit angehört? Ein kirchlich gebundener Mensch könnte sofort einwerfen: Eben weil der Mensch böse ist, so ist seiner Tage eine Grenze gesetzt, es ist die Strafe Gottes, sterben zu müssen. Ein Transhumanismus, in Form der ständigen Wiederkehr der immer gleichen Seelen, müsste so einem Menschen vorkommen, wie die Geburt des Teufels auf Erden und Besiedelung dieser mit menschenfressenden Dämonen.

Dass im himmlischen Paradies die Lüste des Menschen nicht mehr auftauchen, scheint hier, an dieser Stelle unserer Betrachtungen, eine Sicherstellung zu sein, dass es im Himmel friedlich bleibt.

Die Sicherheit der ständigen Wiederkehr und die Kontinuität der Identität

In Dantes göttlicher Komödie gibt es eine Darstellung des Flusses Lethe, in jenem wäscht sich der Wanderer ins Jenseits die Erinnerung an seine schlechten Taten und Sünden ab, ehe er Richtung Paradies weiter voranschreitet. Hier wird einmal mehr das Bild gezeichnet, dass das Schlecht-Menschliche mit der Ewigkeit nicht gut harmoniert.

Doch die Überwindung des Todes aus Menschenkraft hat noch einen weiteren Fingerzeig. Es ist der Aspekt der *Kontinuität der Identität über die immerwährende Wiederkehr ins Leben.*

Was die menschliche Hülle ausmacht, das ist die Komplexität und Vernetzung der Gehirnzellen über die Zeit. Es ist das kontinuierlich vorhandene Bewusstsein und die Erinnerung an die Vergangenheit. Ein Mensch ohne Erinnerung, wäre das noch ein Mensch? Die komplette Auslöschung der Erinnerung, das wäre ein theoretischer Tod. Das wäre der Fall, z. B. bei einer vollständigen retrograden Amnesie. Dies bedeutet, dass der Betroffene keinerlei Erinnerung mehr besitzt an alle

Ereignisse, die vor dem Eintritt der vollständigen retrograden Amnesie stattgefunden haben. Es gibt keinen einzigen berichteten Fall in der Geschichte der Medizin, bei dem wirklich 100 % der Erinnerung ausgelöscht worden. Es gibt jedoch vereinzelt Fälle, bei dem fast nichts mehr erinnert wird.[15] In diesem Fall könnte man davon sprechen, dass die betroffene Person tot war und wiedergekehrt ist. Diese Auffassung hinkt jedoch stark, da zum einen die Fähigkeit zum Bewusstsein und Sprache erhalten geblieben ist, die ja einst im Kindesalter erlernt wurde und die nicht ganz tot war. Zudem fehlen zwei weitere wesentliche Eigenschaften des Übermenschen. Zum einen fehlt es an der *Kontinuität der Identität über den Todeszeitpunkt hinaus*. Zum anderen mangelt es an der selbst aus freien Stücken herbeigeführten Wiederkehr und der Sicherheit einer unendlichen Wiederholung des Vorganges der Wiederkehr. Es fehlt, grob ausgedrückt das Sicherheitsgefühl, welches uns ein Daten-Backup verspricht, nämlich die Sicherheit das Leben stets in der

---

15 https://www.welt.de/vermischtes/article112002871/Benjaman-

Kyle-der-Gestrandete-ohne-Gedaechtnis.html

letzten Konsequenz zu führen. Der Übermensch ist unendlich glücklich, da er seiner Natur zeitlich unbegrenzt gerecht werden kann. Im Übermensch endet alles Soziale. Er steht für sich allein. Gibt es nur einen Typ Mensch? Muss alles Soziale überwunden werden? Hätten alle Menschen die Möglichkeit, den Tod dauerhaft zu überwinden, würden sie sich überhaupt individuell anders verhalten? Oder ist das Konzept des Menschen an sich an ein anderes Prinzip gekoppelt, welches sich ständig aus sich selbst heraus weiter entwickelt, zu einem Ziel oder gar zyklisch? Könnte der Mensch nur eine Zwischenstufe in einen Entwicklungsprozess sein, der dann beginnt weiter zu laufen, wenn der Mensch in seiner Form als *ein* Übermensch konvergiert? Und dessen Vor- und Nachstufe sich für immer unserer Erkenntnis entziehen werden, da sie die Grenzen unserer Erkenntnis sprengen?

Welches Ereignis ist notwendig, um den Menschen zu überwinden?

Mögliche Fehler in der Simulation und deren Folgen

Gehen wir nun davon aus, dass alle unsere Bewusstseinszustände nur simuliert werden. Es stellt sich zunächst die Frage:

Können wir erkennen, dass wir simuliert werden?

Zum Beispiel könnte die Erkrankung „dissoziative Identitätsstörung" als Programmfehler eines Algorithmus interpretiert werden. Als Voraussetzung dafür muss immer die Substratunabhängigkeit als gegeben angesehen werden.

Wir beobachten eine Identität pro Mensch oder Tier. Diese Identität ändert sich zwar im Lauf der Zeit und Entwicklung des Menschen von Kind zum Erwachsenen, aber es gibt auch den Fall, dass mehr als eine Identität gleichzeitig auftritt. Als Beispiel sei die „Dissoziative Identitätsstörung" genannt. Es handelt sich hierbei um ein Krankheitsbild, welches Personen bezeichnet, bei denen mehr als eine Identität im Wechsel auftritt. Diese verschiedenen *Persönlichkeiten* haben eigene Charaktereigenschaften, Verhaltensweisen, Fähigkeiten, Wahrnehmungs- und Denkmuster.

Zusätzlich treten Erinnerungslücken zu Ereignissen oder persönlichen Informationen auf, die nicht mehr durch gewöhnliche Alltagsvergesslichkeit erklärbar sind.[16]

Generell können alle Erkrankungen des Geistes auf eine fehlende Optimierung des Programmcodes in jeweiligen Bereich angesehen werden. Selbst die Körperfunktionen sind in einer Simulation ja bloßen Codes unterworfen.

Technologische Entwicklung als Adaptionsprozess an die *echte* Realität? Gibt es eine Superentität?

Ein vollständig simulierter Mensch braucht keine Geschlechter und er benötigt keinen Körper. Es ist jedoch denkbar, dass es nach Eintreten einer technologischen Singularität, die Wirklichkeit sich derart verändert hat, dass die Bereiche, die das eigentliche Menschsein ausmachen, insbesondere die Identität und die Qualia, also das subjektive Empfinden und Erinnern, eine derartige *Realität* nicht verkraften konnten. Deshalb wird die alte Welt vor der technologischen Singularität, quasi als Ersatzwelt, ständig weiter simuliert[17], obwohl es nach Eintreten der

---

16 https://de.wikipedia.org/wiki/Dissoziative_Identitätsstörung

17 Vgl. Bostrom, Zukunft der Menschheit, suhrkamp, 2018 S.207

technologischen Singularität nur noch eine einzige menschliche Identität, den Archetypen, gibt. Dem liegt die Vorstellung zugrunde, dass der Mensch auf einen einzigen Archetypus konvergiert, wenn seine Lebenszeit unendlich wird. Letzten Endes ist dann sogar die Geschlechterdisparität aufgehoben. Es ist darüber hinaus so, dass diese menschliche Superentität sich zwangsweise wieder in einzelne Identitäten aufspalten muss, da diese Superentität wiederum die totale Konzentration auf ein Subjekt nicht ertragen kann. Deshalb werden ständig Millionen von menschlichen Identitäten simuliert.

Ziel dieser Simulation wäre aus der Sicht der Superentität, den Programmcode durch Trial and Error so anzupassen, dass die Superentität das Dasein auf der Ebene einer einzigen kontinuierlichen Identität erträgt. Wir wären praktisch eine Vorgängersimulation zum Zwecke der Programmcodeverbesserung. Wobei es sich unserer Kenntnis entzieht, die Superentität zu identifizieren oder gar mit ihr in Kontakt zu treten, da wir selbst Teil von ihr sind und so einen Eigendialog führen würden. Die Existenzebene der Superentität wäre uns völlig unbekannt, sie liegt im Jenseits oder im Nichts, notwendigerweise in uns nicht zugänglichen Bereichen. Die Superentität wäre Gott und gleichzeitig Mensch, solange sie sich nicht selbst vollendet hat und unsterblich wird oder sich ins Nichts auflöst. Ob sie sterblich ist, entzieht sich unserem Wissen. Wir könnten die Superentität auch Gott nennen. Aber wäre das korrekt?

Es wäre, meine ich, falsch die oben beschriebene Superentität als Gott zu bezeichnen. Denn im Allgemeinen wird Gott als *nicht wesensgleich* mit seinen Geschöpfen beschrieben. Gott ist die Unendlichkeit und die Unsterblichkeit, welche bei Menschen nicht beobachtet wird. Können wir diese religiösen Vorstellungen mit dem Simulationsmodell zur Deckung bringen?

Die Nichtwesensgleichheit mit Gott ziehen wir vor allem aus dessen Unsterblichkeit. Gott existiere vor uns und auch nach uns.

Weigert sich Gott, unsterblich zu werden, indem er ständig seine eigene Vergangenheit simuliert?

Es ist leicht einzusehen, dass die spezifischen

menschlichen Eigenschaften, wie wir alle sie kennen, sich nur in einen diskontinuierlichen Dasein entwickeln können. Wer würde schon heute etwas lernen wollen, wenn er noch die Ewigkeit dafür Zeit hat? Jedoch streben unsere positiven Qualia, unsere Lüste, die Ewigkeit an. Doch ein erregter Zustand der ewig währte, der würde sich nicht unterscheiden und zu einem blanken Nichts werden, gäbe es denn keinen unerregten Zustand bzw. den anderen, schmerzhaften negativen Pol.

Somit fehlt die Erinnerung. Ein ewig währender Genuss, wäre nur dann ein wirklich ewiger, solange die Erinnerung an den anderen, schmerzlichen Pol noch existiert. Sind wir Menschen vielleicht die Erinnerung der Superentität an ihre schmerzlichen Gegenpole, nur zum Zwecke erschaffen, den eigenen übernatürlichen, immer währenden Rausch zu stützen?

Wenn dem so wäre, dann leistete jede menschliche Existenz einen Beitrag zur immerwährenden göttlichen Glückseligkeit. Ein einzelner Mensch mit seiner zeitlich begrenzten Identität wäre niemals unsterblich, jedoch die Menschheit an sich – zumindest innerhalb der physikalischen Rahmenbedingungen - schon, da die Superentität ihre fortwährende Glückseligkeit niemals preisgeben würde. Und die Entität fände ihre Wege, die Menschheit neu zu starten, gelange sie der absoluten technologischen Singularität, also der Eigengottwerdung, zu nahe.

In diesen Bild ist jede simulierte menschliche Identität beliebig oft wiederkehrend, da ihr die Unsterblichkeit ihres Archetypus inne ist. Das bedeutet, dass jeder Mensch beliebig oft sterben und wiedergeboren werden kann. Allerdings nicht als eine andere Seele, sondern durchaus auch als exakt der gleiche der er war. Was wohl fehlt, ist die Erinnerung. Spannen Zeit und Raum einen unendlichen wiederkehrenden Zyklus auf? Wenn ja, dann sind wir unsterblich ohne es zu wissen, denn in der Unendlichkeit ist jede Beobachtung, jedes Ereignis und jede Identität im Universum und auf Erden auch unendlich oft wiederkehrend und zwar wie in einer Wiederholungsschleife, also sogar exakt gleich. Mit anderen Worten: Die Wahrscheinlichkeit in einem unendlichen Raum-Zeitzyklus einmal mehr exakt das gleiche Leben zu durchlaufen liegt bei 100 %.

Der Zirkelschluss der Simulation

Gehen wir davon aus, dass unsere Realität die echte Realität ist, damit meine ich, dass die Entität Simulationen von dieser von uns bekannten Ebene aus starten würde.

Es beginnt damit, dass positive Empfindungen, später Träume und Lebensabschnitte; am Ende das ganze Leben simuliert werden kann.

Wir kommen wieder auf ein Kernelement des menschlichen Bewusstseins zurück: die Erinnerung.

Zum jetzigen Zeitpunkt kann die Naturwissenschaft das Phänomen „Bewusstsein" nicht exakt definieren. Ich will hier eine eigene Skizze entwerfen.

Wahrnehmung

Das Bewusstsein besteht zum einen aus Wahrnehmung einer Umgebung. Diese Wahrnehmung ist auf die Bedürfnisse des jeweiligen Körpers angepasst. Ein Mensch nimmt seine Umgebung anders wahr, als eine Ameise. Damit meine ich: das Bewusstsein selektiert mit seinen zur Verfügung stehenden Sinnen unterschiedliche Ereignisse, welche seinen Überleben zuträglich sind. Diese Koppelung Bewusstsein-Körpernötige Sinneswahrnehmung zum Überleben und Arterhalt ist in den genetischen Informationen der jeweiligen Spezies gespeichert.

Zeitliche Reflexion und Erinnerung

Handlungen und das Leben in unserer Welt sind nur vorstellbar, wenn die Bilder der Wahrnehmung, zumindest so lange erinnert werden können, dass ein Überleben und Arterhalt möglich werden. Die Erinnerung ist ein zentrales Element des Bewusstseins. Vor allem ist die Erinnerung das Hauptelement der Identität.

Extraktionspunkt Bewusstsein und Zirkelschluss

Wenn wir träumen oder bevor wir sterben, fallen wir auf eine tiefere Bewusstseinsebene. An diesen Punkt könnte eine Simulation ansetzen, die uns bei Wiederkehr entweder wieder die gleiche oder eine andere Identität zuschreibt. Der Zirkelschluss kommt dann dadurch zustande, dass es irgendwo in dieser, für den einzelnen undurchschaubaren unendlichen Zwischenwelten, eine echte Realität geben muss. Und dort in dieser echten Realität leben die echten Lebewesen, die uns simulieren.

Sodann gibt es zwei Möglichkeiten für die Simulationsbewohner. Entweder die echte Realität ist zyklisch und unendlich. Oder sie ist zeitlich linear mit einen Endpunkt.

Ausblick

Unser Bewusstsein ist der Spiegel unseres autobiographischen Gedächtnisses. Wir sind im Grunde das, an was wir uns erinnern. Man könnte sagen, das menschliche Individuum ist ein Wesen mit Geschichte und einen die Zukunft antizipierenden Teil.

Wenn dieses Bewusstsein beliebig abgespeichert, kopiert und auf andere Körper übertragen werden könnte, also ewig weiterleben kann, so stellt sich die Frage, was passiert bei einer Doppelung oder anderweitigen Vervielfältigung von Identitäten?

Es wird in der Realität niemals zwei gleiche Identitäten geben, denn selbst wenn solche synthetisch dargestellt werden könnten, so wäre doch das unmittelbare Erleben nach der Geburt bzw. Eintritt in die Realität sofort unterschiedlich, da sich die Individuen in Raum und Zeit mit jeweils unterschiedlichen Reizen und Erlebnissen fortbewegen, ähnlich einem natürlichen Zwillingspaar, welches gemeinsam aufwächst und im Laufe der Zeit unterschiedliche Vorlieben und Abneigungen entwickelt. Die kopierten Identitäten wären also praktisch sofort ungleich, da sie sofort und unmittelbar unterschiedliche autobiographische Erinnerungen aufbauen und somit auch unterschiedliche Antizipationen der Zukunft vornehmen würden.

Die Manipulation des autobiographischen Gedächtnisses findet ihre Grenze also im direkten Kontakt mit der Realität. Was aber, wenn diese wahrgenommene Realität auch nur eine Simulation ist?

In diesen Fall befinden wir uns in einer Computermatrix, einer Art Vorgängersimulation, wie Bostrom sie postuliert hat. Die Kontrolle aller Vorgänge, Wahrnehmungen und Gefühle könnten in diesem Fall deterministisch sein, das heißt, dass nichts durch Zufall geschieht, denn der Zufall ist nur unsere Umschreibung für empirisch beobachtbare Unregelmäßigkeiten für die wir keine Regeln aufstellen können, diese Regeln kennen nur die Herrscher oder Götter der Simulation. Möglicherweise, aber eben nicht sicher, leben nur diese in einer *echten Realität*?

Die Tragik des technische Fortschritts

Die Versprechungen, die sich in der zunehmenden Erkenntnis der Wissenschaft über das Leben und das Bewusstsein widerspiegeln, haben im Laufe der Jahre dazu geführt, dass der Gott, der eben nicht Mensch ist und außerhalb der beobachtbaren Welt steht, seinen Schatten auf das Menschenbild geworfen hat.

Die Vorstellung, dass der Mensch ein *Gott im Werden* sein könnte, basiert auf der Projektion und Extrapolation der wissenschaftlichen Erkenntnisse auf die ursprünglichen menschlichen Fragen nach den Ereignissen nach dem Tode oder ob ein Tod sogar vermeidbar ist.

So viele Jahrtausende nachdem der Mensch zu seinem Bewusstsein gefunden hat, findet er sich in der Zwickmühle wieder, sich entscheiden zu müssen. Hängt er nun den Vorstellungen einer zweiten durch den Tod von unserer Welt absolut getrennten Welt an ? Damit sind im Prinzip alle Religionen einbezogen, die sich im Laufe der Geschichte herausgebildet haben.

Oder fällt seine Entscheidung zugunsten eines

Gottprinzips, welches im Menschen sich entwickelt und eines Tages sein Werk des ewigen Lebens vollenden kann.

Der Gedanke den Tod überwinden zu können ist ein genuin menschlicher. In allen Überlegungen ist er versteckt zu finden und bildet den Kern der Seinsfragen an sich. Die Tragik sich dieses Problems bewusst zu werden, ist die gleichzeitig das Schicksal jedes intelligenten menschlichen Bewusstseins.

Ebendiese Bewusstwerdung ist der Keim der technischen Entwicklung und der Ursprung jeder Religiosität.

Literaturverzeichnis

Bostrom, N. (2018): Die Zukunft der Menschheit. Suhrkamp, Berlin

Sorgner S. (2016): Transhumanismus. Verlag Herder, Freiburg im Breisgau

F.G. Jünger (1949): Die Perfektion der Technik, Vittorio Klostermann Verlag, Frankfurt am Main

Becker E. (1997): The denial of death. Free Press Paperbacks, New York

Bostrom N., A. Sandberg (2008): Whole Brain Emulation – A Roadmap, Future of Humanity Institute Faculty of Philosophy, Oxford University

Allgemeine Begriffserklärungen der deutschprachigen Wikipedia

Internetlinks, wenn keine anderen Dokumentationen zur Verfügung stehen

Titelbild

"Full wafer of Intel Quantum Computers" Lizenz von Wikimedia Commons:

Credits: Photo made by Steve Jurvetson from Menlo Park, USA on 11, April 2018

Diskussion und Kontakt

sheu2102@protonmail.com